SITUATION POLITIQUE

DE LA FRANCE

au 1ᵉʳ janvier 1850

PAR

UN MEMBRE DU TIERS-ÉTAT.

LETTRE

OUVRIER DEVENU BOURGEOIS

à M. le Président de la République

SUR

LA SITUATION POLITIQUE

DE LA FRANCE

au 1er janvier 1850.

> C'est une belle capucinade ; il n'y manque qu'un million d'hommes qui ont été tués pour détruire ce que vous rétablissez. *(Mignet, t. II, p. 388.)*
>
> Il ne faut pas que le clergé sorte du temple.

PARIS.

CHEZ TOUS LES MARCHANDS DE NOUVEAUTÉS.

—

1850.

Monsieur le Président,

Nous entrons dans l'année 1850, et l'avenir inspire peu de confiance. La situation politique de la France doit-elle donc être pour les esprits sensés un sujet de crainte et d'inquiétude? je ne le crois pas, et je prends la liberté de vous soumettre quelques réflexions qui me sont venues au fond de ma province.

On se fait une idée tout à fait fausse du caractère de la révolution de février, quand on s'imagine que la France est placée entre deux grands partis: le parti *rouge* ou républicain socialiste, et le parti *blanc* ou monarchien légitimiste; qu'elle ne peut échapper à l'un ou à l'autre de ces partis et qu'elle n'a plus qu'à choisir. Nous n'en sommes pas là, Dieu merci! Nous savons très-bien qu'un gouvernement arborant le drapeau *rouge* n'aurait aucune chance de durée, et qu'il en serait de même d'un gouvernement qui voudrait s'abriter sous le drapeau *blanc*; la France ne veut pas courir de nouvelles aventures ; elle a témoigné à plusieurs reprises qu'elle tenait fort peu à la nature même du gouvernement, qu'il fût monarchique ou républicain, pourvu que le gouvernement fût bon, c'est-à-dire en harmonie avec le progrès des mœurs et des institutions modernes. Elle a prouvé que tout gouvernement qui s'écarterait de cette ligne tomberait en poussière, et que la nation n'abdiquerait jamais ses droits de souveraineté ; mais aussi nous devons reconnaître que depuis soixante ans nous assistons, au milieu de convulsions sans nombre, à l'avénement d'un ordre nouveau, à l'avénement du *tiers-état*.

Après une lutte de six siècles, le *tiers-état* a vaincu les deux corps politiques qui l'avaient si longtemps tenu en tutelle, la *noblesse* et le *clergé* ; il a voulu conquérir la LIBERTÉ CIVILE, la LIBERTÉ POLITIQUE, la LIBERTÉ RELIGIEUSE ; et c'est là l'œuvre que doit accomplir le XIX° siècle.

Malgré les secousses que nous avons eues à subir, nous avons marché en avant ; le *tiers-état*, encore inhabile à gouverner, avait à faire en 89 son éducation politique. Se défiant de ses propres forces, il a jusqu'à présent délégué l'autorité suprême, et ceux qu'il en a revêtus, au lieu de suivre l'admirable voie ouverte devant eux, ont tous méconnu leur origine; les uns se sont jetés dans les excès de la démagogie; les autres ont fait appel aux priviléges et à l'esprit de caste; et tous sont tombés. La convention s'est perdue par ses proscriptions sanglantes, le directoire par son incapacité; l'empire, la restauration, la monarchie constitutionnelle ont voulu reconstituer le *clergé* et la *noblesse*; ils ont péri? Qui pourrait nier aujourd'hui que le roi Louis-Philippe n'ait signé sa déchéance, non pas seulement en déclarant la corruption un mal nécessaire, mais en cherchant à se rapprocher de la noblesse et du clergé, en soutenant le *sonderbund* et en créant des *nobles?* La main puissante de la France s'est éloignée de lui, dès qu'il a cessé d'être le roi du *tiers-état*, et à l'heure du péril, il n'a pas même trouvé pour le défendre ses ducs et ses marquis de la veille. Les faits sont là pour le démontrer.

II.

Lorsque nos pères envahirent la Gaule, ils y trouvèrent un clergé riche et influent; les rois des deux premières races s'appuyèrent sur lui pour gouverner; mais ils émanaient de l'aristocratie germanique, et lorsqu'ils entreprirent de lutter contre cette aristocratie qui constituait alors la force nationale, ils disparurent et laissèrent la féodalité s'étendre sur l'Europe entière.

Du sein de la féodalité sortit une royauté nouvelle et un *tiers-état* qui fut son plus ferme allié contre les empiétements de la *noblesse* et du *clergé*. L'union de la royauté et du *tiers-état* se trouva cimentée sous Louis XI, qui ne craignit pas de mettre un cardinal dans une cage de fer et de faire tomber la hache du bourreau sur la tête d'un pair du royaume, sans égard pour les priviléges extraordinaires dont ils étaient investis. Le *parlement* issu du *tiers-état* devint le bras droit de la royauté. Plus tard Richelieu acquit la réputation d'un grand ministre et d'un habile politique en décimant la *noblesse* ; mais il s'inquiétait fort peu du peuple ; le *tiers-état* était relégué sur le second plan et se trouvait réduit à considérer le *parlement* comme le représentant et l'unique défenseur de ses droits. La monarchie, rendue presque absolue, aurait dû planter son drapeau au milieu de la nation, combattre les corps privilégiés et ne pas s'isoler de la classe des hommes libres, dont les forces augmentaient chaque jour ; elle n'en fit rien. — C'était le *tiers-état* qui avait fait la royauté toute-puissante, et la royauté, oubliant les services de son allié naturel, allait mettre le pouvoir entre les mains de la *noblesse* et du *clergé;* aussi qu'arriva-t-il ? Lorsque le flot populaire se souleva en 89 et renversa les *prêtres* et les *nobles*, il entraîna en même temps la monarchie, qui faisait cause commune avec eux, et les *parlements*, qui, après avoir averti les successeurs de Louis XIV de leur aveuglement, prenaient leur défense au moment du danger. Les grands principes d'ÉGALITÉ DEVANT LA LOI, de FRATERNITÉ, de LIBERTÉ DE CONSCIENCE étaient hautement proclamés ; plus de priviléges ; le *tiers-état* était le maître ; il n'y avait plus qu'un seul gouvernement possible, le gouvernement *pour le tiers-état* et *par le tiers-état* : un tel gouvernement pouvait-il se constituer ? c'était là toute la question.

III.

Il y eut un instant, sous la première république, où le but sembla avoir été atteint; c'était
après la bataille de Rivoli, en janvier 1797;
M. Thiers nous l'apprend lui-même : « *A quelle*
« *époque, s'écrie-t-il dans son histoire si vantée,*
« *notre patrie fut-elle plus belle et plus grande; les*
« *orages de la révolution paraissaient calmés; les*
« *murmures des partis retentissaient comme les der-*
« *niers bruits de la tempête. On regardait ces restes*
« *d'agitation comme la vie d'un Etat libre. Le com-*

« merce et les finances sortaient d'une crise épouvan-
« table. Le sol entier restitué à des mains industrielles
« allait être fécondé. Un gouvernement composé de
« bourgeois nos égaux régissait la république avec
« modération. Les meilleurs étaient appelés à leur
« succéder, toutes les voies étaient libres. La France
« au comble de la puissance était maîtresse de tout le
« sol qui s'étend du Rhin aux Pyrénées, de la mer
« aux Alpes. La Hollande, l'Espagne allaient unir
« leurs vaisseaux aux siens et attaquer de concert le
« despotisme maritime. Elle était resplendissante
« d'une gloire immortelle ; d'admirables armées fai-
« saient flotter ses trois couleurs à la face des rois qui
« avaient voulu l'anéantir. Vingt héros, divers de
« caractère et de talent, pareils seulement par l'âge
« et le courage, conduisaient ses soldats à la victoire.
« Hoche, Kléber, Desaix, Moreau, Joubert, Masséna,
« Bonaparte, et une foule d'autres encore s'avan-
« çaient ensemble ; on pesait leurs mérites divers,
« mais aucun œil encore, si perçant qu'il pût être,
« ne voyait dans cette génération de héros, les

« malheureux ou les coupables. Aucun œil ne voyait
« celui qui allait expirer à la fleur de l'âge, atteint
« d'un mal inconnu, celui qui mourrait sous le poi-
« gnard musulman ou sous le feu ennemi ; celui qui
« opprimerait la liberté, celui qui trahirait sa pa-
« trie. Tous paraissaient purs, heureux, pleins d'a-
« venir ; ce ne fut là qu'un moment, mais il n'y a
« que des moments dans la vie des peuples comme
« dans celle des individus. Nous allions retrouver
« l'opulence avec le repos ; quant à la liberté et à la
« gloire nous les avions. Il faut, a dit un ancien,
« que la patrie soit non-seulement heureuse,
« mais suffisamment glorieuse. Ce vœu était ac-
« compli. Français qui avons vu depuis notre liberté
« étouffée, notre patrie envahie, nos héros fusillés
« ou infidèles à leur gloire, n'oublions jamais ces
« jours immortels de liberté, de grandeur et d'espé-
« rance. »

IV.

Comment M. Thiers, qui a fait entendre ces admirables paroles, peut-il en avoir perdu le souvenir? Comment ne comprend-il pas aujourd'hui les grands enseignements que l'on doit tirer de ce tableau si fidèle de la France en 1797? Le *tiers-état* tendait à organiser son gouvernement; un pas de plus, et l'arène des révolutions était à jamais fermée; mais la Providence en avait décidé autrement; l'homme de génie auquel le *tiers-état* confiait bientôt sa fortune, préparait lui-même sa chute en relevant, avec l'empire, et la *noblesse* et le *clergé*, c'est-à-dire le privilége, là où il fallait maintenir l'égalité, l'hérédité de titres surannés, là où le mérite personnel seul devait obtenir sa récompense. — La *noblesse* et le *clergé*, bien loin d'être une ancre de salut pour le gouvernement impérial, précipitèrent sa ruine ; unis de vues et d'intérêts, pendant la restauration, redevenus de véritables corps politiques, ils se crurent à la veille de museler une fois de plus le *tiers-état ;* erreur fatale qui produisit les journées de juillet 1830. Mais ce qui prouve surabondamment que la nouvelle révolution s'était faite uniquement contre les prétentions de la *noblesse* et du *clergé*, c'est que la monarchie resta debout. On croyait encore à la *royauté du tiers-état*, on l'appela royauté constitutionnelle. On se persuada qu'elle réaliserait les espérances du pays, et en effet pendant quinze ans la France respira. La *noblesse*, reléguée au fond de la province, ne fut pas inquiétée dans la possession de ses biens ; elle devait s'éteindre d'elle-même sous la faulx de la mort et par la division des héritages. Le *clergé*, ne sortant plus du temple, fut aimé et respecté ; la richesse nationale prenait de rapides développements ; les hommes de mérite se faisaient jour : qui pouvait prévoir alors les événements du **24 février 1848**? **C'est la monar-chie elle-même** qui allait soulever la tempête et révéler encore une fois son vice originel. Louis-Philippe s'imagina que son pouvoir aurait une base plus solide s'il se ralliait le *clergé* et la *no-blesse*. Ses tendances ne furent plus un mystère pour personne ; toutes les faveurs, toutes les pré-venances s'adressèrent aux éternels ennemis du *tiers-état*. **Certes,** les avertissements ne manquè-rent pas ; un vote unanime de la chambre rappela que les jésuites étaient expulsés de France ; un article de loi avait supprimé toute pénalité pour ceux qui s'affublaient de titres nobiliaires ; la presse retentit des émotions de chaque jour ; des cris de réforme éclatèrent de toutes parts, et les hommes de sens refusèrent de s'associer à une po-litique rétrograde. **Comment Louis-Philippe ac-**cueillit-il ce mouvement si remarquable de l'opi-nion publique? **En** favorisant les doctrines des néo ou ultrà-catholiques, en manifestant une sympathie maladroite pour le *sonderbund*, en fa-vorisant la reconstitution d'une caste privilégiée,

1

en créant duc M. *Pasquier*, et M. *Jeannot*, baron. La manière dont on accueille aujourd'hui les marquis de la façon de l'empereur d'Haïti, Soulouque, n'est-elle donc pas assez instructive, et M. Guizot, qui savait refuser pour lui-même un honneur inutile à sa gloire, devait-il délivrer des lettres de noblesse si antipathiques à nos mœurs? — Toutes ces contradictions et un vain entêtement, qui accumulait fautes sur fautes, devaient amener une révolution. Si ce n'eût été qu'un coup de main, la république aurait-elle été acceptée sans qu'une seule réclamation se fût fait entendre d'un bout de la France à l'autre? On substituait tout simplement à la royauté un gouvernement sans qualité pour faire des *nobles*, et l'on consacrait sur des bases impérissables la souveraineté du *tiers-état*.

Qui croirait qu'un revirement si subit, mais amené par la force même des choses, frapperait de stupeur deux des plus grands esprits de notre siècle, au point de leur ôter le sens moral de la situation? Tandis que M. Guizot, parti de la monarchie mixte, voit aujourd'hui le salut de la société dans une *royauté* liée à une *chambre des pairs héréditaire*, M. Thiers, parti de la révolution, s'encapuchonne et rêve une *royauté* servie par un *clergé* tout-puissant. Chacun d'eux, fermant les yeux à la lumière, s'égare dans les ténèbres de sa propre conscience et se montre prêt à nous plonger de nouveau dans le flot révolutionnaire et à nous précipiter d'abîmes en abîmes. Pour eux, la classe moyenne a disparu, il n'y a plus que des *rouges* et des *blancs* : que font-ils donc du *tiers-état* dont ils sont sortis ?

V.

Sieyes disait que le *tiers-état* était tout ; qu'il demandait seulement à être quelque chose ; les temps sont bien changés. Le *tiers-état* est aujourd'hui le souverain maître ; il apparaît au milieu des partis extrêmes plein de majesté et de grandeur. Ouvert à toutes les nobles ambitions, à ceux qui, par leur travail et leur mérite, se placent en avant de leurs égaux, il se recrute sans cesse dans les rangs de la bourgeoisie, des ouvriers, des paysans, et même de cette noblesse dont les fils se rallient peu à peu aux idées de leur siècle. Il forme une immense pépinière d'hommes éclairés et prudents, qui remplissent toutes les avenues de l'intelligence humaine ; qui, après avoir peuplé nos écoles publiques, vont se répandre ensuite dans le gouvernement, l'administration, la magistrature, l'armée, la presse, l'industrie, les sciences, les lettres et les arts. En dehors de cette masse compacte, qui est véritablement l'âme de la France, s'agitent les factions qui n'impriment par leurs mouvements fébriles qu'une oscillation insensible à la machine sociale. D'un côté, les *démagogues* qui gâtent par leur entraînement désordonné les meilleures pensées et qui arrêtent le développement des réformes utiles, en substituant à ce qui est possible des utopies insensées ; de l'autre, quelques *nobles* prosternés devant le symbole de la légitimité, que les chansons de Béranger n'ont pas corrigés ; des *prêtres* qui oublient leur mission sacrée, pour exploiter un commerce ou des intérêts profanes ; le *bourgeois gentilhomme*, enfin, qui veut un titre, une voiture, un château, voire même une chapelle et son chapelain. Toutes ces fractions de la grande unité nationale ne sont pas dangereuses ; elles font du mal, il est vrai, car dès l'instant que le drapeau *rouge* flotte dans les airs, le vaisseau de l'État semble pencher du côté *des blancs ;* et dès l'instant que le *noble* et le *prêtre* s'approchent du gouvernail, par un mouvement immédiat, le bâtiment incline vers les *rouges*. Aussi les esprits faibles, et le nombre en est grand, prompts à s'effrayer, se croient chaque matin à la veille de sombrer à droite ou à gauche ; mais les matelots habitués à la mer se rient de leurs alarmes, et voguent sans inquiétude, au milieu des vagues qui les couvrent par moments, vers le port qu'ils sont assurés d'atteindre.

VI.

Est-ce vous, Monsieur le président, qui serez l'homme du *tiers-état*, le Washington de la France ? Vous seul pouvez le dire. Assurez au pays les trois libertés qu'il réclame : la *liberté civile*, la *liberté politique*, la *liberté religieuse*, et la constitution modifiée pourra vous rendre un pouvoir dont vous aurez fait un si glorieux usage ; mais souvenez-vous que la nation ne veut pas de priviléges, et que le jour où vous songerez à recréer une hérédité, à reconstituer une *noblesse* et un *clergé* sur le terrain de la politique, vous serez perdu.

Aujourd'hui la situation de la France est bonne ; quelques esprits malades veulent cependant la sauver de maux imaginaires. Si elle avait dû périr, ce serait déjà fait. Le *tiers-état* a montré au contraire qu'il était assez fort pour échapper de lui-même à tous les dangers. Le *tiers-état* n'est pas révolutionnaire ; ce sont les gouvernements qui se sont succédé depuis 1804, qui l'ont toujours été, sacrifiant à des questions d'amour-propre ou à l'esprit de caste l'intérêt général, et n'hésitant jamais à se jeter tête baissée dans des entreprises folles ou téméraires.

Craignez, Monsieur le président, craignez surtout la clique des *sauveurs*, craignez ces docteurs *Fontanarose*, qui crient bien haut que la société est en péril, et qu'il faut acheter leur spécifique. Est-ce M. Guizot qui peut nous aider à quelque chose, avec ses idées d'une autre époque et ses théories contradictoires ? Est-ce M. Thiers, qui n'a jamais pu comprendre qu'après avoir signé en 1840 le rappel de la flotte, il avait cessé pour jamais d'être un homme d'État? Est-ce M. Montalembert, qui combine à froid ses systèmes néo-catholiques, et qui n'a qu'un presbytère pour horizon. Si l'ennemi était à nos portes, pourrions-nous attendre l'effet des grands remèdes proposés par ces messieurs, et en supposant que la génération actuelle mise entre les mains des *prêtres*, de par MM. Thiers, Cormenin, Montalembert et Falloux, devînt le modèle de toutes les vertus, aurions-nous donc, nous autres, le temps d'échapper à la ruine et à la mort ? Au moment de la prise de Syracuse, Archimède, tout occupé de la solution d'un problème, était frappé par un soldat vainqueur. MM. Montalembert et consorts, lancés à la poursuite d'un mieux idéal, auraient beau crier : *Je l'ai trouvé ! je l'ai trouvé !* ils périraient et emporteraient dans la tombe leur baume rénovateur. Non, la société française n'a rien à redouter ; elle a subi l'épreuve du feu ; elle se rit des lamentations des grands hommes de la droite, et marche ouvertement à son but. Elle repousse également les excès de la réaction et les excès de la démagogie ; elle applaudit aux messages du président lorsqu'il expose des vues fermes et libérales ; elle aime à entendre dire qu'il faut des *actes* et non des *paroles*. Le jour où elle voit une majorité folle repousser une proposition bonne et utile , uniquement parce qu'elle vient de la montagne , elle crie au président : Méfiez-vous des avances de la *noblesse* légitimiste qui cherche à vous étouffer ; méfiez-vous du *clergé* qui, à part d'honorables exceptions, est rongé de l'ulcère du jésuitisme, et qui flatte tous les partis pour ressaisir un pouvoir impossible. La France n'aime pas les *prêtres* qui font de la politique ; ils ont contribué à perdre Louis-Philippe en l'entraînant à la remorque du *sonderbund* ; ils ont failli compromettre le président de la République par une marche tortueuse dans l'affaire de Rome. Après avoir béni les arbres de la liberté, ils veulent s'emparer de l'instruction publique ; ils ne voient pas, les malheureux, que la France est beaucoup plus près de la réforme que de l'intolérance religieuse et de l'inquisition. Que des évêques essayent de faire de la hiérarchie ecclésiastique une hiérarchie politique avec Rome au sommet, qu'ils prennent la haute main dans les questions d'enseignement, qu'ils mettent en interdit à tort et à travers les chapelles des colléges, et vous verrez l'*Église gallicane* se séparer du saint-siége, supprimer la confession, le célibat des prè-tres, et proclamer hautement le principe de la li-berté de conscience. Autant le clergé catholique sera respecté et vénéré s'il ne sort pas de l'Église et s'il remplit cette mission si belle et si hono-rable que lui délègue l'Évangile, autant il amonce-lera de haines nouvelles contre lui dès qu'il se fera marchand , journaliste et entrepreneur. Il faut qu'en France l'enseignement public soit sécularisé; c'est une condition que le *tiers-état* imposera tôt ou tard à ses représentants par un mandat impératif. Il faut que des écoles soient ouvertes sur tous les points du territoire et qu'on ne puisse être appelé à instruire la jeunesse qu'après avoir passé par les plus rudes épreuves de capacité, de travail et de moralité. Libre à quelques bourgeois imbéciles, bouffis de sottise et d'orgueil, de donner à leurs fils des abbés pour précepteurs. Ce n'est pas à pareille école que les enfants de la France doivent aller puiser l'amour de la patrie, l'amour de la famille, le respect de la loi, le sentiment du devoir. Il faut avant tout, si l'on veut l'amélioration des classes populaires, leur montrer que, bien loin de les condamner à l'ignorance, on leur facilite les moyens de s'instruire et d'arriver par l'intelligence et le travail aux premières charges de l'État. L'aristocratie est morte dans notre pays et ceux qui jettent un regard de convoitise sur l'aristocratie anglaise s'abusent étrangement. En Angleterre les seigneurs et les communes se sont alliés contre la *royauté* qui n'existe plus que de nom, et l'aristocratie est restée debout en face du peuple ; en France la royauté a fait cause commune avec le tiers-état contre l'*aristocratie* qui a disparu, et la royauté n'a sombré elle-même que pour avoir voulu régenter le *tiers-état* au lieu d'en rester la plus haute expression et de gouverner en son nom.

Dans une autre lettre, j'examinerai quelle direction il convient d'imprimer à l'administration intérieure du pays, en conséquence des principes que nous venons de rappeler. J'attaquerai ce système d'éteignoir qui opprime l'homme de mérite et n'a d'encouragements que pour les médiocrités, système qui s'est perpétué sous d'autres régimes et qui domine encore aujourd'hui ; puis j'exposerai la situation politique de l'Europe et la grande mission de la France placée à l'avant-garde du parti démocratique modéré. Pour vous, Monsieur le président, un bel avenir vous est ouvert, souvenez-vous que Louis-Philippe n'a été impuissant à diriger le vaisseau de l'État que parce qu'il était roi, et qu'à ce titre il devait inévitablement se laisser entraîner à voir dans la *noblesse* et le *clergé* les deux colonnes de la monarchie. Président, vous évitez le premier de ces écueils, défiez-vous du second. La France ne veut pas que les *prêtres sortent du temple*, et elle n'aura de faveur, si jamais la constitution est revisée, que pour l'homme qui aura su comprendre ses tendances, et qui lui aura donné les trois libertés sœurs : la LIBERTÉ CIVILE, la LIBERTÉ POLITIQUE et la LIBERTÉ RELIGIEUSE.

Le plus beau gouvernement, a dit un sage, est celui qu'on a ;

Le meilleur est celui qui dure.

Ajoutez qu'un gouvernement ne peut durer qu'à la condition d'être en harmonie avec les idées du siècle et le génie national. Aujourd'hui la *noblesse* ne se recrute plus, le *clergé* se recrute mal, le *tiers-état* seul se recrute de toutes les forces vives de la France, et le *tiers-état* triomphera de tous les partis extrêmes, dans quelque sens que ce soit.

SAINT-DENIS. — TYPOGRAPHIE DE PREVOT ET DROUARD.

www.ingramcontent.com/pod-product-compliance
Lightning Source LLC
LaVergne TN
LVHW050319030726
842520LV00005B/1668